Bonjour
Petit Blaireau !

Titre de l'ouvrage original : HELLO, BABY BADGER
Éditeur original : Julia MacRae Books,
an imprint of the Random Century Group
Copyright © 1992 Ron Maris
All rights reserved.
© 1994 Castor Poche Flammarion,
pour la traduction française
ISBN : 2-08-162966-6 - ISSN : 0993-7900
Imprimé en Italie par Vincenzo Bona, Turin - 05-1994
Flammarion et Cie, éditeur (N°17705)
Dépôt légal : juin 1994
Loi n° 49-956 du 16 juillet 1949
sur les publications destinées à la jeunesse

Ron Maris

Bonjour
Petit Blaireau !

traduit de l'anglais par
Rose-Marie Vassallo

Castor Poche
Flammarion

— Bonjour, Petit Blaireau !

Tu vas te promener ?

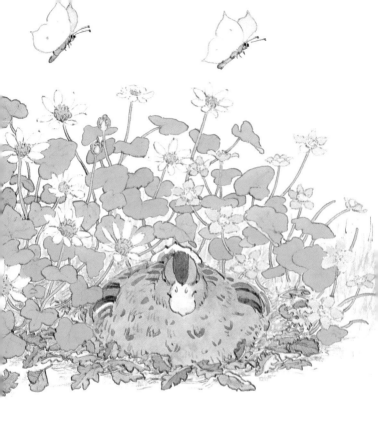

– Nous venons avec toi.

– Bonjour, Petit Blaireau,
tu vas te promener ?

– Nous venons avec toi.

– Bonjour, Petit Blaireau !

Tu vas te promener ?

– Nous venons avec toi !

– Hé !
Mais qu'est-ce que c'est que ça ?

– Attention, Petit Blaireau !

21

– Tu vas tomber à l'eau !

– Et maintenant, que faire ?

– Petit Blaireau ne sait pas nager !

– Vite ! Il faut le sortir de là…

... et le ramener chez lui.

– Alors, Petit Blaireau,
tu as fait une bonne promenade ?

Castor Poche Benjamin